AF262413

L'ALGÉRIE

SA SITUATION PRÉSENTE

SON AVENIR

PAR

M. ARISTIDE BÉRARD

Prix : 50 centimes.

PARIS

E. DENTU, ÉDITEUR

PALAIS-ROYAL, 17 ET 19, GALERIE D'ORLÉANS

1868

Tous droits réservés

TIMBRE

L'ALGÉRIE

SA SITUATION PRÉSENTE — SON AVENIR

Le récit des scènes horribles de cannibalisme qui se déroulent en Algérie depuis plusieurs mois, en remplissant le cœur de pitié et d'indignation, dévoilent, à la stupéfaction de la France et de l'Europe, une situation sur laquelle il importe de faire la lumière. Chacun se demande comment il est possible que, après trente-huit années d'occupation, après avoir englouti dans chacune de ces années plus de 100 millions de francs, soit au moins 4 milliards ! après avoir arrosé ce pays du sang le plus vigoureux des enfants de la France, cette contrée si fertile, qui fut autrefois le grenier de l'Europe, soit réduite à cette affreuse extrémité de voir ses habitants s'entre-dévorer et sa population diminuée d'un cinquième en une année ! A aucune époque de la domination inintelligente des Turcs de tels faits ne s'étaient produits ; et si notre occupation ne doit porter que des fruits aussi amers, qu'elle soit à jamais maudite ! Il faut que le voile tombe ; que la France dise nettement si elle a entendu faire de l'Algérie une *école militaire d'application*, ou créer une colonie profitable ! Il faut que nos députés, représentants légaux du pays, soient mis en demeure par l'opinion publique de s'expliquer, et dire sans détour si la France est condamnée à voir plus longtemps son or, son sang et son honneur comme nation civilisée, compromis indéfiniment sur cette terre déclarée française, et dont on a voulu faire un empire arabe par la plus étrange des contradictions.

Le fait saillant, qui ressort jusqu'à l'évidence de ce que nous voyons, c'est que le système actuel appliqué à l'Algérie a été impuissant à rien créer. Le régime du sabre n'a pas été plus intelligent là qu'ailleurs : les preuves sont faites, l'instruction est complète, la cause entendue, et l'opinion a prononcé depuis longtemps. Prolonger la situation serait plus qu'une folie.

Recherchons donc sans phrase, et en allant droit au but, le remède à apporter à un mal aussi grave. Le temps presse !

La terre algérienne est-elle réellement fertile et de nature à rénumérer le travail consacré à féconder son sol ?

Pour qui a parcouru et étudié les contrées méridionales de l'Europe, la réponse ne saurait être douteuse.

Le sol de l'Algérie est formé, dans la plus grande partie de son étendue, d'une puissante couche de terre végétale qui règne, non-seulement dans les plaines, mais qui recouvre les flancs des collines et des montagnes : très-rarement la roche à nu frappe le sol de stérilité ; partout, à très peu près, cette terre, la mère nourricière de tous les êtres qui vivent à sa surface, n'attend qu'une main laborieuse pour être fécondée. Nulle part, sous les régions équithermales du bassin méditerranéen, nous n'avons retrouvé des conditions aussi favorables au développement de la végétation. L'Espagne, si renommée par sa riche végétation, a la plus grande partie de ses montagnes dénudées ; toute la fécondité du sol s'est concentrée dans le fond de quelques vallées où s'est accumulée la terre végétale des régions plus élevées, entraînée par les pluies torrentielles, frappant celles-ci d'une stérilité absolue. Or, si les parties élevées d'une contrée ne peuvent être boisées, les sources sont taries et le pays condamné à une mort lente dans un temps donné. Les mêmes circonstances se reproduisent en Sicile, dans l'Italie méridionale et même dans quelques parties du midi de la France.

Rien de semblable n'a lieu en Algérie. J'ai pu observer dans les montagnes de l'Édough, près de Bone, une couche de terreau, très-riche en humus, de plus de 2 mètres de puissance ; ces exemples ne sont pas rares en Algérie, et si toutes les régions supérieures du sol peuvent être couvertes d'une riche végétation forestière, l'avenir le plus florissant est assurément réservé à cette contrée, car, avec les hauteurs boisées, on aura des sources, et avec de l'eau sous ce ciel, toutes les merveilles de végétation et de culture sont possibles!

Que faut-il pour atteindre ce résultat ? D'abord, mettre un terme aux incendies des broussailles et des taillis provoqués par la paresse native de l'Arabe, qui se procure ainsi des pâturages faciles et commodes sans aucune culture ; et ensuite quelques encouragements au reboisement des montagnes sans qu'il en coûte rien à l'État, par la constitution de la propriété privée, substituée à la propriété collective, à la condition d'opérer le reboisement dans un temps donné.

Qu'on n'objecte pas le danger de multiplier les lions et autres carnassiers redoutables en augmentant l'étendue des forêts. Rien ne sera plus facile, quand on le voudra sérieusement, que de combattre et détruire ces hôtes plus incommodes que dangereux ; et en tout cas peut-on mettre ici en parallèle quelques têtes de bétail enlevées avec les avantages procurés par le reboisement des montagnes ?

Mais si le sol est naturellement de bonne qualité, fertile et susceptible de fournir des productions variées, que manque-t-il donc à cette terre délaissée pour être mise en valeur? Deux choses, de l'eau pour l'irrigation, et des bras pour la culture.

Avec de l'eau, sous un ciel qui donne la chaleur, et avec une terre de bonne qualité, toutes les richesses de la végétation peuvent être obtenues :

Qui n'a admiré le merveilleux système d'irrigation créé par les Maures dans les riches plaines de Valence, de Murcie, de Grenade, etc., et que leurs successeurs savent à peine entretenir. Quelle végétation luxuriante développée par l'action bien comprise de l'irrigation ! A quel degré de prospérité ce pays était arrivé avant les cruelles persécutions de Philippe II! triste fruit de l'intolérance religieuse et date de la décadence de l'Espagne.

Les mêmes merveilles peuvent se reproduire en Algérie avec une organisation bien comprise.

En l'état, l'eau manque généralement, c'est incontestable, et par suite la fertilité est considérablement amoindrie. Attendre l'accroissement des sources, la régularisation des cours d'eau du reboisement des montagnes, le moyen est sûr, mais lent. En attendant, qu'on fasse des retenues au moyen de barrages, qu'on se mette sérieusement et résolùment à l'œuvre : les points où la chose est praticable ne manquent pas ; c'est une simple avance de fonds à faire, du crédit à donner à la terre. On a cru un instant qu'à cet égard la Société algérienne aurait pu rendre des services : le public attend encore de la voir à l'œuvre pour la juger sur ses actes.

Mais cela ne suffit pas, il faut de plus trouver des bras pour défricher d'abord, cultiver ensuite.

Ici se dresse la question la plus grave de la colonisation : on semble à plaisir l'avoir renfermée dans un cercle vicieux dont on n'a pu sortir.

Doit-on se servir de l'élément indigène arabe ou de l'élément européen? On a longuement discuté sur ce point important sans parvenir à s'entendre. La solution est cependant fort simple, et on la trouve en faisant tout bonnement appel au bon sens.

Il est évident que dans ce pays où tout est à créer, si on veut arriver à des résultats rapides, l'élément arabe est impuissant. Ce n'est pas avec une population clair-semée de trois millions d'habitants répartis sur une étendue au moins aussi grande que la France, qu'on trouvera des ressources sérieuses et suffisantes pour le travail tel qu'il doit être organisé.

L'Arabe de la plaine est plutôt pasteur qu'agriculteur :

Pour plusieurs d'entre eux, le travail est déshonorant et leur est profondément antipathique : le temps, qui peut tout modifier, aidé de la constitution de la propriété privée, substituée à la propriété collective de la tribu, pourra seul transformer ces dispositions en quelque sorte natives; car on peut dire que la décadence de l'Algérie date de l'invasion de cette race asiatique, plus guerrière que laborieuse, refoulant les anciens habitants du Nord de l'Afrique qui avaient porté si haut, sous les Romains, la prospérité de ces contrées.

Que peut-on sérieusement attendre du concours de l'Arabe, pauvre, sans ressources? c'est tout au plus s'il peut suffire, par un travail indolent, à sa propre subsistance. Apre au gain et d'une cupidité proverbiale, il enfouit l'argent qu'il peut se procurer, préférant parfois se laisser mourir de faim plutôt que de toucher à son trésor ! l'idée de la fructification du capital par le travail n'a pu encore pénétrer dans son esprit. Dépourvu de toute espèce d'instruction? rempli de préjugés et fanatique, c'est à peine si on peut compter sur son concours comme simple manœuvre.

Peut-être arrivera-t-on par l'éducation, par une meilleure constitution de la propriété, et, après plusieurs générations, à modifier cette nature peu apte à prendre l'empreinte de notre civilisation ! Mais ceci est l'œuvre du temps, et dans notre siècle où l'on veut aller vite, il faut nécessairement chercher ailleurs les éléments d'une organisation plus puissante et plus féconde.

Il ne faut pas se le dissimuler, la mise en valeur d'un sol vierge exige toujours une dépense considérable, — le défrichement d'abord, la construction des fermes, leur outillage, l'achat du bétail qui fait partie en quelque sorte du matériel par destination, le fonds de roulement, tout cela constitue une émission de capitaux de beaucoup supérieure aux ressources à peu près nulles dont peuvent disposer les indigènes, et à laquelle le colon Européen pourrait seul faire face. Vouloir réaliser la colonisation à l'aide de l'élément Arabe est donc tout simplement poursuivre une chimère.

Qu'on arrête un instant ses regards sur le tableau navrant de misère que nous présente la population arabe, celle, particulièrement, éloignée des centres européens, et soumise à l'administration militaire des bureaux arabes ! ce résultat était écrit par la logique des faits. On s'étonne de voir sévir la famine dans une contrée réputée riche en céréales, et que nous avons dotée de moyens de communication, qui précédemment lui faisaient entièrement défaut. Mais, ce sont précisément ces voies de communication faciles, qui sont en partie cause du désastre auquel nous assistons, et ce qui aurait dû être un instrument de prospérité, est devenu, pour l'Arabe, un instrument de misère et de mort.

Pour se rendre compte de ce fait anormal et inexplicable en apparence, il est nécessaire de connaître le caractère et les habitudes de ce peuple.

Avant l'établissement des routes, l'Arabe ne pouvant que très-difficilement exporter l'excédant de sa production en céréales, en formait des réserves dans ses silos, et avait presque toujours un approvisionnement pour deux ou trois années d'avance, pouvant ainsi faire face au déficit de deux ou trois mauvaises récoltes successives.

Mais aussitôt que par des moyens de communication plus faciles, il a pu faire de l'argent avec le blé qu'il avait en excédant, son imprévoyance naturelle, sa cupidité, et souvent la nécessité de faire face aux exigences sans limite des chefs indigènes, l'ont conduit, en réalisant ses réserves, à la triste extrémité où nous le voyons réduit. Il n'a plus le moindre approvisionnement pour parer à une mauvaise récolte et a souvent dissipé l'argent qui en provenait.

Comment les chefs indigènes et les bureaux arabes, n'ont-ils pas prévu ces faits-là, et n'ont-ils rien fait pour en atténuer à temps les conséquences désastreuses !

Que peut-on attendre de sérieux d'une telle organisation et d'un tel peuple !

La mère patrie peut seule fournir les ressources de toute nature indispensables à la solution de ce grand problème.

La France fournira facilement tous les fonds nécessaires à cette œuvre considérable ; mais, éclairée par une longue expérience, elle n'a plus aucune confiance dans le régime militaire inauguré sous Louis-Philippe, et continué sous le second Empire. Les capitaux exigent des garanties et une liberté d'action incompatibles avec le système actuel de la force sans sécurité et du bon plaisir sans liberté. Ils ont préféré courir les aventures les plus excentriques à l'étranger, plutôt que de se fixer sur un sol déclaré tantôt Français et tantôt Arabe.

La première condition pour ramener la confiance, et les capitaux à sa suite, est un changement complet, radical dans le régime actuel, en substituant l'organisation civile à la désorganisation militaire, et en laissant la plus grande somme possible de liberté à l'initiative individuelle; car, si une bureaucratie tracassière devait remplacer le régime du sabre, les choses n'en iraient pas mieux.

L'armée, d'un courage inébranlable devant l'ennemi, n'a pas les mêmes aptitudes pour les travaux de la paix; le génie destructeur ne peut être le même que le génie créateur. Que le rôle de l'armée soit réduit à maintenir la sécurité, par un certain nombre de camps avancés, placés sur la lisière du Tell, reliés entre eux par de bonnes routes stratégiques, de manière à rendre impossible le développement de toute insurrection, en coupant, au besoin, les communications entre les régions du Tell et celles du Sud. Confier alors la police des routes à une bonne organisation de gendarmerie, c'est tout ce qu'il faudrait. Dans ces conditions fort simples, et lorsque l'Arabe ne sera plus véxé, tracassé et pressuré, l'effectif de l'armée d'occupation pourra être réduit des 2/3 au moins.

Aujourd'hui, tout homme qui a quelque respect de lui-même ne consentira jamais à vivre dans les conditions faites au colon par le régime militaire, et, si ce colon dispose de quelques capitaux, il se gardera bien de les engager dans un pays soumis au régime de l'arbitraire, sans aucune garantie.

Il est incontestable que par une meilleure organisation de l'administration coloniale, les capitaux et les bras arriveront d'eux-mêmes en Algérie, sans que le gouvernement ait autrement à s'en mêler : c'est une vérité qui ne sera contestée par aucune personne de bonne foi.

Mais ici, il faut bien le dire, se dresse une difficulté pratique que nous devons aborder franchement.

La plus grande partie des terres de l'Algérie sont en friche, dévorées par une plante parasite, le palmier nain, très-vivace, et qui fait le désespoir des cultivateurs. La première opération est donc d'effectuer par le défrichement l'extirpation du palmier. Or le défrichement d'un hectare en Algérie ne coûte pas moins de 800 à 1000 fr.; le travail est incomplet s'il n'est répété au moins deux fois dans un temps assez court, en raison des racines profondes du palmier nain qui sont rarement atteintes à la base par le travail ordinaire.

Le défrichement, on ne doit pas se le dissimuler, est non-seulement une opération pénible et coûteuse, mais encore, et surtout, extrêmement délétère, principalement pour les Européens. La décomposition des détritus végétaux et de myriades d'insectes et de larves, occasionnée par le brassage du sol, provoque des exhalaisons pestilentielles qui empoisonnent l'atmosphère voisine pendant plusieurs semaines en communiquant des fièvres pernicieuses très-souvent mortelles. Les Arabes eux-mêmes sont promptement atteints et rarement les Européens résistent plusieurs jours de suite. Aussi les défrichements sont-ils rares et ne sont entrepris que sur une petite échelle. Il y a là une difficulté pratique très-sérieuse qui n'a pas été résolue, et dont la solution, dans notre pensée, n'a pas été suffisamment étudiée. Bien certainement, si les conditions du défrichement restent aussi onéreuses, et si cette opération préalable de la mise en culture sur une grande échelle doit être une cause de mortalité effroyable et certaine, l'avenir de la colonisation viendrait se briser contre cet obstacle.

Il est évident qu'en faisant abstraction de la valeur du sol, si les frais de défrichement doivent être supérieurs à la valeur réelle de la terre mise en état de culture, résultant de son revenu, l'opération du défrichement sera mauvaise. En l'état et par les procédés ordinaires, c'est le cas le plus général. La conséquence forcée sera que le défrichement étant une mauvaise affaire au point de vue financier et peu lucrative en elle-même, la colonisation par la culture, en général devient à peu près impossible à réaliser.

Quelles seraient donc les conditions à réaliser pour surmonter cette difficulté? D'une part rendre le défrichement moins onéreux ; d'autre part atténuer très-largement les effets de son insalubrité.

C'est en faisant appel à la science moderne que nous trouvons la solution à ce double problème. C'est par la mécanique appliquée à l'agriculture qu'on doit arriver au résultat désiré.

Des difficultés plus grandes ont été surmontées ; il suffit de vouloir fermement.

Admettons une charrue à vapeur de la force de 20 à 25 chevaux, armée de 5 à 6 socs avec leurs coutres en acier, capables d'effectuer un labeur profond au milieu des palmiers nains en extirpant les racines les plus résistantes : qu'une telle charrue, desservie par deux ou trois hommes, puisse opérer sur un hectare par jour, il est incontestable que si les conditions mécaniques sont bonnes, on devra arriver à un défrichement en plaine au prix de 100 fr. l'hectare au plus. En supposant deux labours à un mois d'intervalle, ce sera 200 fr. au maximum par hectare pour un défrichement parfait à 60 centimètres au moins de profondeur.

Pour effectuer ce travail mécanique considérable, correspondant à plus de 150 ouvriers armés de bêches, 2 ou 3 hommes seulement seront exposés. Il sera facile d'alléger leurs fatigues, déjà moindres que celles des travailleurs ordinaires, et de les entourer de tout le confortable désirable. Ils ne devront travailler qu'un jour et se reposer le lendemain en les envoyant à une distance suffisante respirer un air pur le jour du repos. Nul doute qu'avec quelques précautions, et certains soins hygiéniques, on ne puisse arriver à neutraliser les effets désastreux des miasmes qui s'exhalent des terres fraîchement remuées.

Ces soins, s'appliquant à un personnel restreint, pourront être plus attentifs.

C'est là, sans aucun doute, que se trouve la solution pratique de ce problème jusqu'ici insoluble du défrichement économique sans danger des vastes plaines de l'Algérie, et de la culture rémunératrice des céréales sur une grande échelle. — Ce résultat qui pourrait être obtenu en peu d'années, et sans danger, au moyen des agents mécaniques, nécessiterait l'hécatombe de plusieurs générations travaillant par les procédés manuels ordinaires.

Quelques essais, nous le savons, ont déjà été tentés par l'application des agents mécaniques au labour ; mais de ce que ces tentatives sont restées infructueuses ou incomplètes, est-ce à dire que le problème soit insoluble ? nous sommes entièrement convaincus du contraire. La question est assez importante pour persévérer et faire de nouveaux efforts. Il serait du devoir, ainsi que de l'intérêt bien compris de la Société générale algérienne, qui dispose d'une grande puissance financière et qui a reçu de l'État un appui dont elle doit compte au pays, d'entrer résolûment dans cette voie. — En consacrant au plus une somme de 100,000 francs à cette destination, elle pourrait atteindre le but désiré, et certes elles pourrait faire un plus mauvais emploi de ses fonds !

La mise en culture devrait suivre une marche progressive, en commençant par les plaines les plus fertiles. La Mitidjà, les bords de la Schiffa inférieure, les rives de la Seybouse, les plaines de Guelma, etc., offriraient pendant longtemps un champ des plus vastes à notre activité. On inaugurerait la grande culture des céréales, devant toujours servir de base à la colonisation algérienne, réservant à l'activité individuelle de la petite industrie agricole les collines et les vallées étroites pour les cultures variées. Ce serait à coup sûr le commencement d'une ère nouvelle de prospérité pour ce malheureux pays qui n'a vu prospérer jusqu'ici que les marchands d'eau-de-vie et d'absinthe ainsi que MM. les usuriers.

L'Algérie doit être surtout une colonie agricole. Ne possédant jusqu'ici aucun bassin houiller connu de quelque importance, elle ne peut aspirer à devenir une contrée industrielle, et elle ne doit pas le désirer. Les richesses minérales seront exportées pour fournir un aliment à notre marine et être ouvrées sur le sol de la mère patrie par les soins de ses laborieux et intelligents enfants.

En voyant ce que nous avons fait de l'Algérie, placée à nos portes, renfermant d'incontestables éléments de prospérité, que doivent penser de nous les Hollandais, les Américains et les Anglais, ces habiles colonisateurs !

de tels faits devraient nous inspirer un peu d'humilité, un peu moins de présomption, et surtout nous servir d'enseignement pour mieux faire.

Instruisons les Arabes en agissant sur les jeunes générations, adoucissons leurs mœurs par le contact plus intime de notre civilisation, par des relations suivies d'intérêts commerciaux, et rendons-les si heureux et si occupés qu'ils n'aient ni l'envie, ni le temps de songer au jeu cruel des insurrections.

S'il était donné à la France, protégée du ciel, de voir un jour le militarisme réduit en Algérie à son véritable rôle de protecteur du sol contre les entreprises de l'étranger, restant entièrement en dehors de l'administration civile qu'il ne peut connaître et comprendre, si l'heureuse chance nous était réservée de voir enfin les bureaux arabes supprimés et les indigènes soumis au droit commun. — Si la bureaucratie tracassière et sans initiative pouvait être restreinte à sa plus simple expression. — Si le budget de l'armée étant réduit de plus de moitié, on reportait l'excédant disponible sur des travaux productifs d'utilité publique, routes, barrages, canaux d'irrigation et de transport. — Si des priviléges, réprouvés de tous, étaient, sinon supprimés, du moins atténués, si une constitution de la propriété privée était proclamée, si une représentation réelle était accordée à cette fille de la France, oh! alors, on ne tarderait pas à voir la prospérité se développer en Algérie, et ce vaste pays, aujourd'hui une charge pour la France, devenir une colonie des plus florissantes, en état de restituer un jour à la mère patrie les sacrifices immenses qu'elle s'est imposés.

Mais sera-t-il accordé à notre génération de voir ce programme se réaliser? Il est permis d'en douter d'après ce qui se passe ; — aussi le découragement commence à s'emparer des esprits en voyant que tout est fait à l'encontre de la raison.

N'oublions pas que la conquête ne peut se faire amnistier qu'à la condition d'apporter avec elle une civilisation plus avancée et le progrès : en dehors de là, elle n'est plus qu'une entreprise criminelle.

Paris. — Imp. BALITOUT, QUESTROY et Cᵉ, rue Baillif, 7.

www.ingramcontent.com/pod-product-compliance
Lightning Source LLC
Chambersburg PA
CBHW061839060726
47597CB00008B/3553